CELME FARIAS MEDEIROS

Nova Edição

Meus primeiros passos

Minha vida, meu mundo

MATERNAL

Editora do Brasil

Dados Internacionais de Catalogação na Publicação (CIP)
(Câmara Brasileira do Livro, SP, Brasil)

Medeiros, Celme Farias
   Meus primeiros passos : minha vida, meu mundo : maternal / Celme Farias Medeiros ; [ilustrações Carolina Sartório, Eduardo Belmiro, Hiro Kawahara].-- 4. ed. -- São Paulo : Editora do Brasil, 2015.
   ISBN 978-85-10-05961-9 (aluno)
   ISBN 978-85-10-05962-6 (professor)
   1. Aprendizado perceptivo-motora (Educação infantil) 2. Capacidade motora (Educação infantil) - Atividades e exercícios I. Sartório, Carolina. II. Belmiro, Eduardo. III. Kawahara, Hiro. IV. Título.

15-05587   CDD-372.21

Índices para catálogo sistemático:
1. Aprendizagem perceptivo-motora : Educação infantil : Educação   372.21
2. Atividades psicomotoras : Educação infantil : Educação   372.21
3. Psicomotricidade : Aprendizagem : Educação infantil   372.21

© Editora do Brasil S.A., 2015
Todos os direitos reservados
Direçã-geral: Vicente Tortamano Avanso
Direção adjunta: Maria Lucia Kerr Cavalcante de Queiroz

Direção editorial: Cibele Mendes Curto Santos
Gerência editorial: Felipe Ramos Poletti
Supervisão editorial: Erika Mendes Caldin
Supervisão de arte, editoração e produção digital: Adelaide Carolina Cerutti
Supervisão de direitos autorais: Marilisa Bertolone Mendes
Supervisão de controle de processos editoriais: Marta Dias Portero
Supervisão de revisão: Dora Helena Feres
Consultoria de iconografia: Tempo Composto Col. de Dados Ltda.

Coordenação editorial: Carla Felix Lopes
Assistência editorial: Juliana Pavoni e Monika Kratzer
Auxílio editorial: Natália Santos
Coordenação de revisão: Otacilio Palareti
Copidesque: Gisélia Costa e Ricardo Liberal
Revisão: Alexandra Resende e Andréia Gomes
Coordenação de iconografia: Léo Burgos
Pesquisa iconográfica: Karina Tengan
Coordenação de arte: Maria Aparecida Alves
Assistência de arte: Leticia Santos
Design gráfico e capa: Patrícia Lino
Imagem de capa: Ideário Lab
Ilustrações: Alias Ching/Shutterstock (vinheta Cante), Carolina Sartório, DAE (Departamento de Arte e Editoração), Daniel Klein, Eduardo Belmiro, Henrique Brum, Hiro Kawahara, Imaginario Studio, lilipom/Thinkstock/iStockphoto.com (textura de recorte), Luiz Lentini, Marcos Machado, Marilia Pirillo
Coordenação de editoração eletrônica: Abdonildo José de Lima Santos
Editoração eletrônica: Gabriela César
Licenciamentos de textos: Cinthya Utiyama, Paula Harue Tozaki e Renata Garbellini
Coordenação de produção CPE: Leila P. Jungstedt
Controle de processos editoriais: Beatriz Villanueva, Bruna Alves, Carlos Nunes e Rafael Machado

4ª edição / 3ª impressão, 2022
Impresso na Ricargraf Gráfica e Editora.

Editora do Brasil

Rua Conselheiro Nébias, 887
São Paulo, SP – CEP 01203-001
Fone: +55 11 3226-0211
www.editoradobrasil.com.br

abdr
ASSOCIAÇÃO BRASILEIRA DOS DIREITOS REPROGRÁFICOS
Respeite o direito autoral

APRESENTAÇÃO

Criança,

　　Este livro foi feito para você com muito carinho.
　　Nele, você encontrará diversas brincadeiras, histórias engraçadas, desenhos para colorir, descobertas sobre o corpo, a natureza e o mundo em geral... Enfim, tantas coisas para você aprender e fazer enquanto se diverte!
　　Faça as atividades com dedicação e capricho.
　　Espero que você goste de tudo!

A autora

CURRÍCULO DA AUTORA

Celme Farias Medeiros

- Licenciada em Pedagogia.
- Especializada em Pedagogia aplicada à Música, à Harmonia e à Morfologia.
- Professora do Ensino Fundamental das redes particular e pública por vários anos.
- Professora de curso de formação de professores do Ensino Fundamental.
- Autora de diversos livros didáticos nas áreas de Educação Infantil e Ensino Fundamental.

Para Anderson Celso com muito carinho.

Minha vida

SUMÁRIO

Coordenação motora 7
Eu 19
A família 23
A moradia 30
A escola 39
O trânsito 47
Os meios de transporte 51
Os meios de comunicação 58
As profissões 63
Cidadania 68
Datas comemorativas 72
    Carnaval 72
    Páscoa 76
    Dia do Índio 79
    Dia das Mães 84
    Festas Juninas 89
    Dia dos Pais 93
    Dia do Soldado 99
    Dia da Independência do Brasil 103
    Dia da Árvore 107
    Dia Mundial dos Animais 110
    Dia da Criança 111
    Dia do Professor 117
    Dia da Aviação 121
    Dia da Bandeira 125
    Natal 129

COORDENAÇÃO MOTORA

Cabra-cega é uma brincadeira bem divertida.

Com giz de cera, ajude a menina com a venda nos olhos a alcançar um dos colegas, ligando-os.

[...]
Cabra-cega é brincadeira
Muito fácil de brincar
Vendam-se os olhos de um
E bota ele pra girar
Os outros saem correndo
Até ele a um pegar
[...]

Abdias Campos. **Brincadeiras populares: cordel infantil**. 3. ed. Recife: Folhetaria Campos de Versos, 2012. p. 5.

[...]
Pega-pega, **Esconde-esconde**,
Boca de forno, **Casinha**,
Cabo de guerra, **Queimado**,
Tem **Ciranda, cirandinha**
Que é **Brincadeira de Roda**
Quase tudo nessa linha
[...]

Abdias Campos. **Brincadeiras populares: cordel infantil**. 3. ed. Recife: Folhetaria Campos de Versos, 2012. p. 8.

As crianças estão brincando de **esconde-esconde**. Cubra o tracejado para ajudar o menino a encontrar o amigo que está escondido.

Qual é o seu brinquedo favorito?

Cubra o tracejado e leve cada criança até o brinquedo favorito dela.

"Dia de levar brinquedo na escola!", Patrícia lembrou.
"O que levar?"
"Já sei! Minha boneca-faz-tudo. Ninguém tem igual." [...]

Telma Guimarães Castro Andrade. **É meu!** São Paulo: Editora do Brasil, 2006. p. 2.

Você conhece os brinquedos a seguir?
Com giz de cera ///, ligue o ponto 🟠 até o brinquedo de que você mais gosta.

Cante

Anel de pedra verde

Perdi meu anel
no buraco da parede
quem achou me dê de volta
meu anel de pedra verde. [...]

Cantiga.

As crianças estão brincando de **passa anel**.

Cubra o tracejado com canetinha hidrocor e ajude Arthur a passar o anel de mão em mão.

Com quem você acha que ficou o anel?

[...] Caloca morava na casa mais bonita da nossa rua.
Os brinquedos que Caloca tinha, vocês não podem imaginar! [...]
Caloca só não tinha amigos. [...]
Mas futebol ele tinha que jogar com a gente, porque futebol não se pode jogar sozinho. [...]

Ruth Rocha. O dono da bola. In: **Marcelo, marmelo, martelo e outras histórias**. 2. ed. São Paulo: Salamandra, 1999. p. 46.

As crianças estão jogando futebol.
Cubra os pontilhados para levar a bola até o gol.

Entre as crianças, os gatos e os cachorros são os animais de estimação mais populares.

Molhe o dedo na almofada de carimbo e pinte as pegadas do cãozinho que está brincando com o menino.

O gatinho quer brincar com a menina.
Ajude-o pintando o caminho para chegar até ela.

Cante

Não atire o pau no gato

Não atire o pau no gato
Porque isso
Não se faz
O gatinho
É nosso amigo
Não devemos maltratar
Os animais
Miau!

Cantiga.

Algumas crianças têm um coelhinho como animal de estimação.

Com tinta guache , desenhe um lindo coelho. Depois, dê um nome a ele.

Ir ao circo e rir muito com as brincadeiras dos palhaços é bem divertido!

Este palhaço perdeu a peruca. Ajude-o dando-lhe uma nova peruca. Cole lã 🟡 e 🔵 em sua cabeça.

EU

[...]
Um é menino
Outro é menina
(Pode ser grande
ou pequenina)

Um é bem jovem
Outro, de idade
Nada é defeito
Nem qualidade
[...]

Tatiana Belinky. **Diversidade**. São Paulo: Quinteto Editorial, 1999. p. 28 e 30.

Pinte a figura que melhor representa você.

Como são seus cabelos? E seus olhos?
Complete o rosto abaixo com suas próprias características.

É hora das apresentações! Quem é você?
Com a ajuda do professor, escreva o seu nome na linha abaixo.

_____

Agora, com canetinha hidrocor na sua cor preferida, faça o contorno de sua mãozinha direita. Depois, pinte com giz de cera a quantidade de dedos que indica a sua idade.

Com qual brinquedo você mais gosta de brincar quando está sozinho? Faça um desenho para mostrar como se brinca com ele.

A FAMÍLIA

Cada família é diferente!

Marque um **X** na imagem que representa a família mais parecida com a sua.

Represente a seguir a sua família.
Você pode colar uma fotografia dela ou desenhá-la.

Faça um **X** nas pessoas que moram com você e formam a sua família.

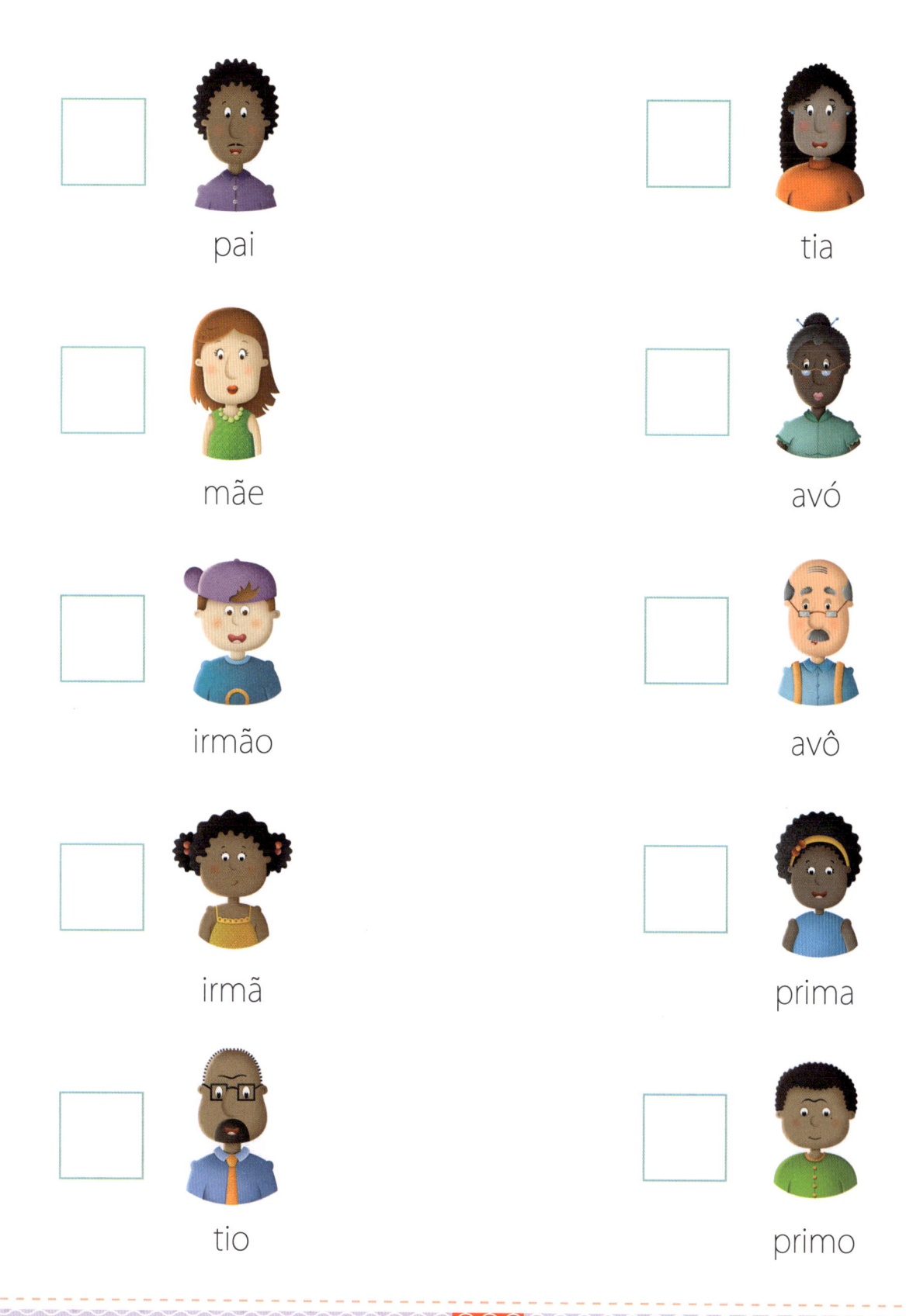

☐ pai

☐ tia

☐ mãe

☐ avó

☐ irmão

☐ avô

☐ irmã

☐ prima

☐ tio

☐ primo

Observe as imagens e circule a que representa o que você gosta de fazer em companhia de sua família.

Ir ao zoológico.

Ir à praia.

Assistir à televisão.

Jogar bola.

Passear.

Ouvir histórias.

Você guarda muita gente no seu coração?

Com cola colorida, cubra o tracejado do coração e, depois de secar, desenhe as pessoas que você guarda nele.

A minha família
Eu gosto da minha mãe,
do meu pai, do meu irmão.
Nem sei como tanta gente
cabe no meu coração!

Pedro Bandeira. **Por enquanto eu sou pequeno**. 3. ed. São Paulo: Moderna, 2009. p. 13.

Siga as instruções e faça sua "família rolinho". Divirta-se!

A família rolinho

Material:

- rolos de papel toalha ou higiênico;
- papel de seda ou crepom colorido;
- canetinhas hidrocor coloridas;
- pedaços de lã e tecido coloridos;
- cola e tesoura.

Como fazer

Primeiro, corte os rolos de papel toalha ou higiênico em diversos tamanhos para representar as diferentes pessoas de sua família, simulando adultos e crianças. Use a quantidade de pedaços correspondente à quantidade de pessoas que você quer representar.

Depois, decore cada pedaço de rolo de papel de uma maneira diferente, tentando reproduzir as características das pessoas. Você pode fazer colagens ou desenhar com canetinha hidrocor. Use a imaginação!

A MORADIA

O lugar onde moramos é o nosso lar.

Há vários tipos de moradia.

Conheça alguns deles a seguir e circule aquele que mais se parece com o seu.

Sobrado.

Casa térrea.

Prédio residencial.

Conjunto habitacional.

Palafita.

Oca.

Agora, represente sua moradia no espaço a seguir. Você pode colar fotografias ou imagens recortadas de revistas. Se preferir, faça um desenho usando materiais diferentes.

Uma moradia pode ter diferentes cômodos. Observe, a seguir, alguns deles.

Sala de estar.

Sala de jantar.

Quarto.

Banheiro.

Cozinha.

Algumas moradias ainda podem ter outras dependências.

Garagem.

Quintal.

Área de serviço.

Jardim.

Piscina.

Você tem um cantinho preferido no seu lar?
Desenhe o lugar de sua moradia em que você mais gosta de ficar.

Costumamos fazer atividades diferentes em cada cômodo ou dependência de nossa moradia.

Ligue cada atividade ao cômodo onde ela costuma ser feita.

João e Maria encontraram uma casa feita de doces bem no meio da floresta.

Cubra o tracejado da casa que eles encontraram e pinte-a com capricho.

Os animais também têm moradia.
Leve cada bichinho para sua moradia, pintando o caminho.

A ESCOLA

Na escola, as crianças estudam, brincam, jogam, praticam esportes e convivem com colegas, professores e outras pessoas que lá trabalham.

Há escolas grandes e pequenas.

Observe as imagens a seguir e circule a que melhor representa a escola que você frequenta.

Escola Estadual General Caetano Albuquerque em Poconé, Mato Grosso.

Colégio particular Magister na zona sul de São Paulo, São Paulo.

Escola rural EMEF Professor Alberto Bischoff em Paraíso do Sul, Rio Grande do Sul.

Escola Estadual Indígena Mbo'Eroy Guarani Kaiowá em Amambai, Mato Grosso do Sul.

[...] Toda criança tem direito de receber educação [...]. Assim, ela vai poder escolher o que quer ser quando crescer. Mas, até lá, o que ela precisa, além de **estudar**, é **brincar** muito [...].

Fábio Sgroi. Educação e diversão. In: **Ser criança é... Estatuto da Criança e do Adolescente para crianças**. São Paulo: Mundo Mirim, 2009. p. 25.

Toda criança tem direito de ir à escola.
Desenhe várias crianças chegando à escola para estudar.

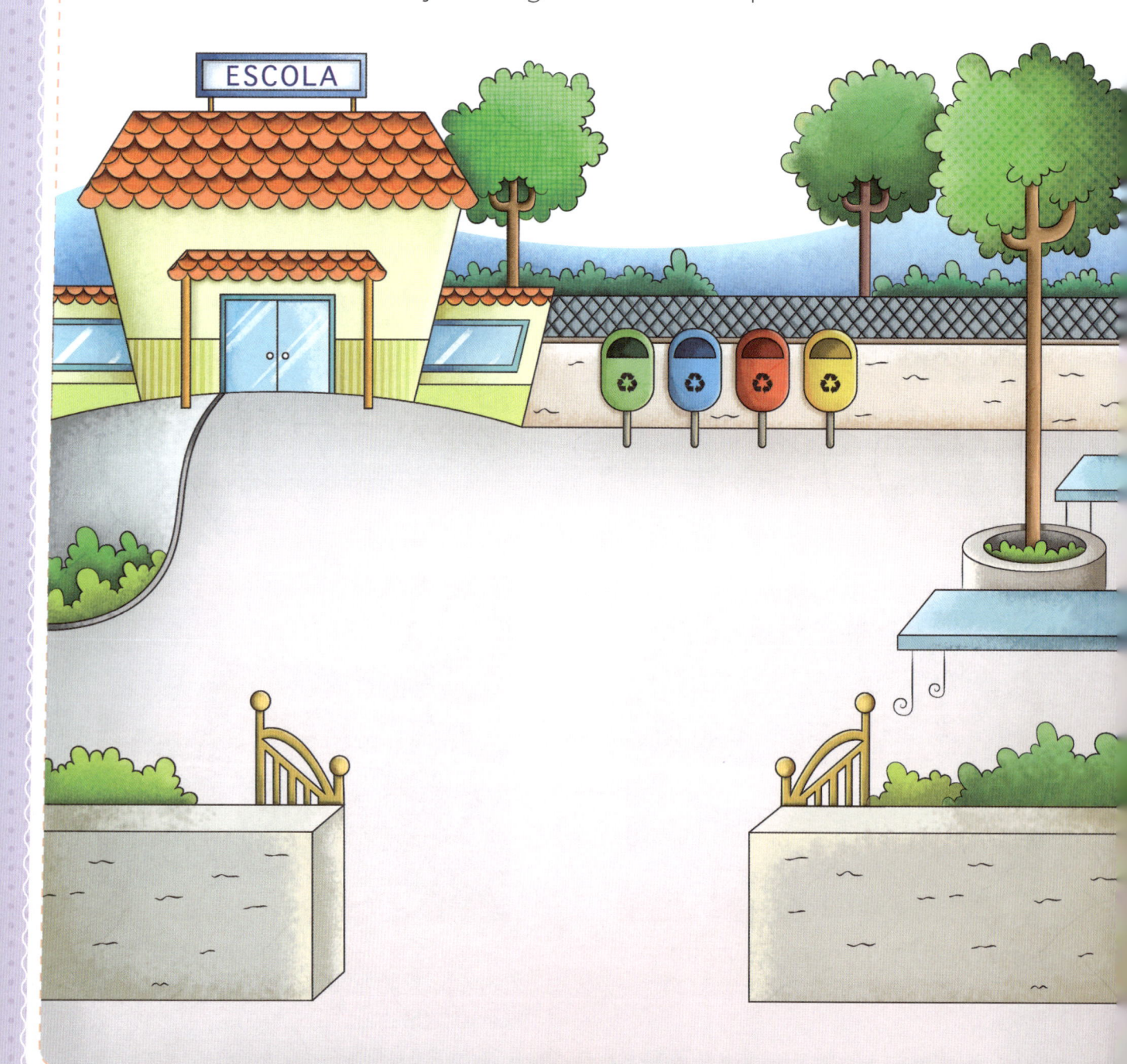

Marque um **X** nas atividades que você gosta de fazer na escola.

Lanchar.

Dramatizar ou imitar.

Estudar.

Usar o computador.

Brincar.

Pintar.

Circule os objetos que você usa na escola.

Livros.

Lápis.

Caderno.

Borracha.

Mochila.

Caneta.

Régua.

Tesoura.

Lápis de cor.

Estes são outros objetos normalmente utilizados na escola. Pinte-os e, depois, circule de 🖍 os que se repetem.

Há diversos profissionais que trabalham na escola.

Marque um **X** nos profissionais que trabalham na escola que você frequenta.

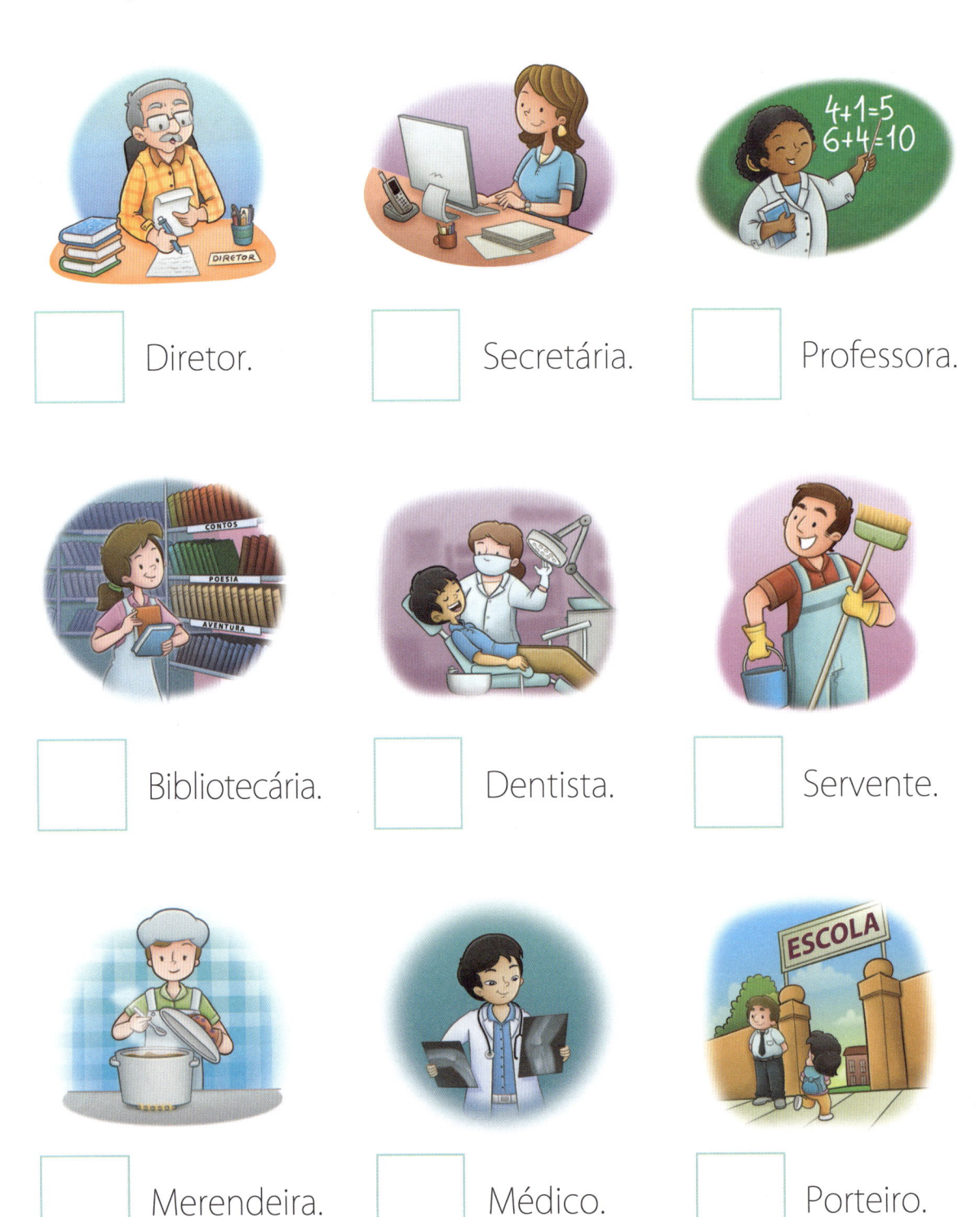

☐ Diretor.   ☐ Secretária.   ☐ Professora.

☐ Bibliotecária.   ☐ Dentista.   ☐ Servente.

☐ Merendeira.   ☐ Médico.   ☐ Porteiro.

Algumas crianças moram perto da escola que frequentam, enquanto outras moram longe dela.

Faça uma **+** na imagem que representa como você vai para a escola em que estuda.

Ônibus.

Van escolar.

Carro.

A pé.

Motocicleta.

Bicicleta.

Você já prestou atenção no caminho que faz de casa até a escola que frequenta?

Desenhe no quadro elementos que você costuma ver no caminho entre sua casa e a escola.

O TRÂNSITO

Trânsito é a circulação de pessoas e veículos nas vias públicas de uma cidade.

Cuidados com o trânsito

O guarda de trânsito orienta os pedestres e os veículos (carros, caminhões, motocicletas etc.).

Obedecer às instruções do guarda de trânsito pode evitar vários acidentes.

Conheça algumas delas a seguir.

- Ande sempre pela calçada.

- Atravesse a rua na faixa de segurança, sempre em companhia de um adulto.

- Ao atravessar a rua, olhe para os dois lados e verifique a indicação do **semáforo**.

- Só desça do ônibus quando ele estiver parado.

- Ande de bicicleta somente em ciclovias.

- Sempre observe a sinalização de trânsito.

Pinte o semáforo com as cores 🟧, 🟨 e 🟩, de acordo com as indicações. Depois, cole bolinhas de papel com essas cores.

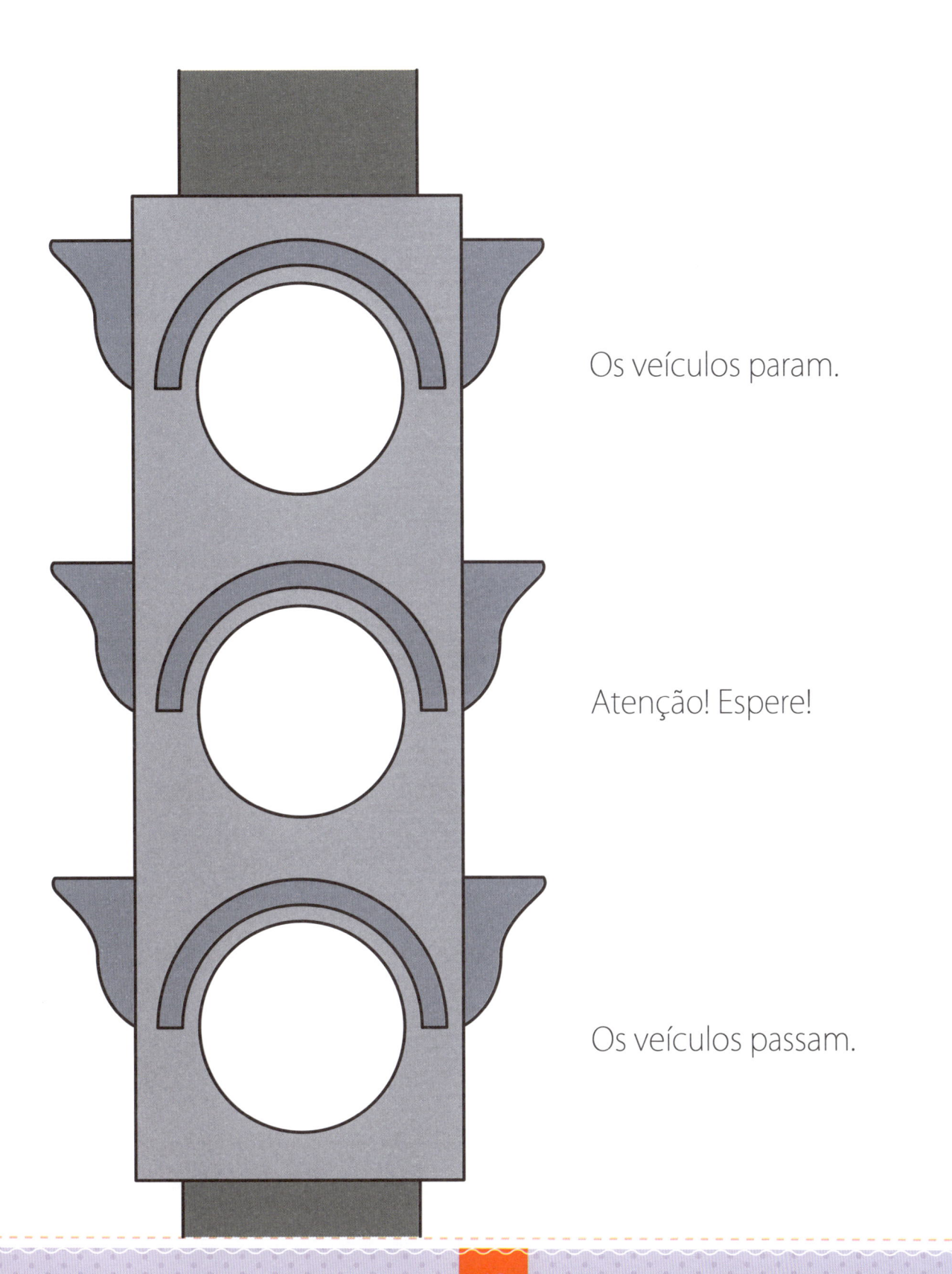

Os veículos param.

Atenção! Espere!

Os veículos passam.

OS MEIOS DE TRANSPORTE

Podemos ir de um lugar para outro a pé ou utilizando os **meios de transporte**. Eles também servem para transportar cargas e mercadorias.

Os **meios de transporte terrestres** se locomovem na terra. Circule aqueles que você já utilizou.

Carro.

Trem.

Caminhão.

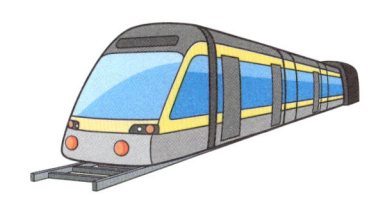

Metrô.

Motocicleta.

Bicicleta.

Ônibus.

Cavalo.

Os **meios de transporte aquáticos** se locomovem na água.
Faça um **X** naqueles que você já utilizou.

Navio de passageiros.

Navio de carga.

Jangada.

Barco a vela.

Balsa.

Lancha.

Iate.

Canoa.

Os **meios de transporte aéreos** se locomovem no ar. Circule aqueles que você já utilizou.

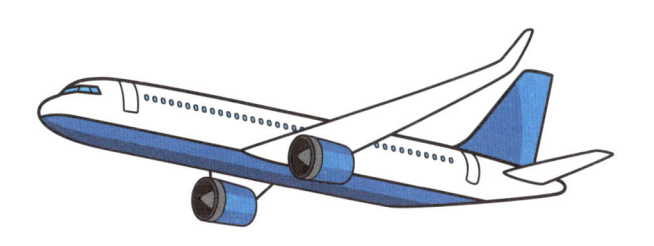

Avião.

Helicóptero.

Dirigível.

Balão.

Observe outros meios de transporte.

Charrete.

Carro de boi.

Para ir à padaria,
uso minha bicicleta.
Para ir à minha escola,
uso ônibus escolar. [...]
O carro anda rapidinho,
me leva aonde preciso for.
Mas, se o lugar é distante,
é o avião que me leva adiante. [...]

Ellen Pestili. **Quem vai e vem um jeito sempre tem**.
São Paulo: Editora do Brasil, 2013. p. 4, 7, 10, 12.

Pinte todos os meios de transporte que você ouviu na leitura do poema.

Pinte com giz de cera ✎ os ▢ dos meios de transporte terrestres.

Com canetinha hidrocor , faça bolinhas no meio de transporte aéreo.

Complete o desenho cobrindo o pontilhado com lápis de cor ✏️ e descubra um meio de transporte. Depois, pinte-o com capricho!

OS MEIOS DE COMUNICAÇÃO

As pessoas se comunicam por meio de instrumentos específicos. Eles são os **meios de comunicação**.

Conheça alguns exemplos.

Televisão.

Computador.

Celular.

Telegrama.

Revista.

Jornal.

Telefone.

Fax.

Rádio.

Carta.

Livro.

Pinte os meios de comunicação e marque um **X** nos que você tem na sua casa.

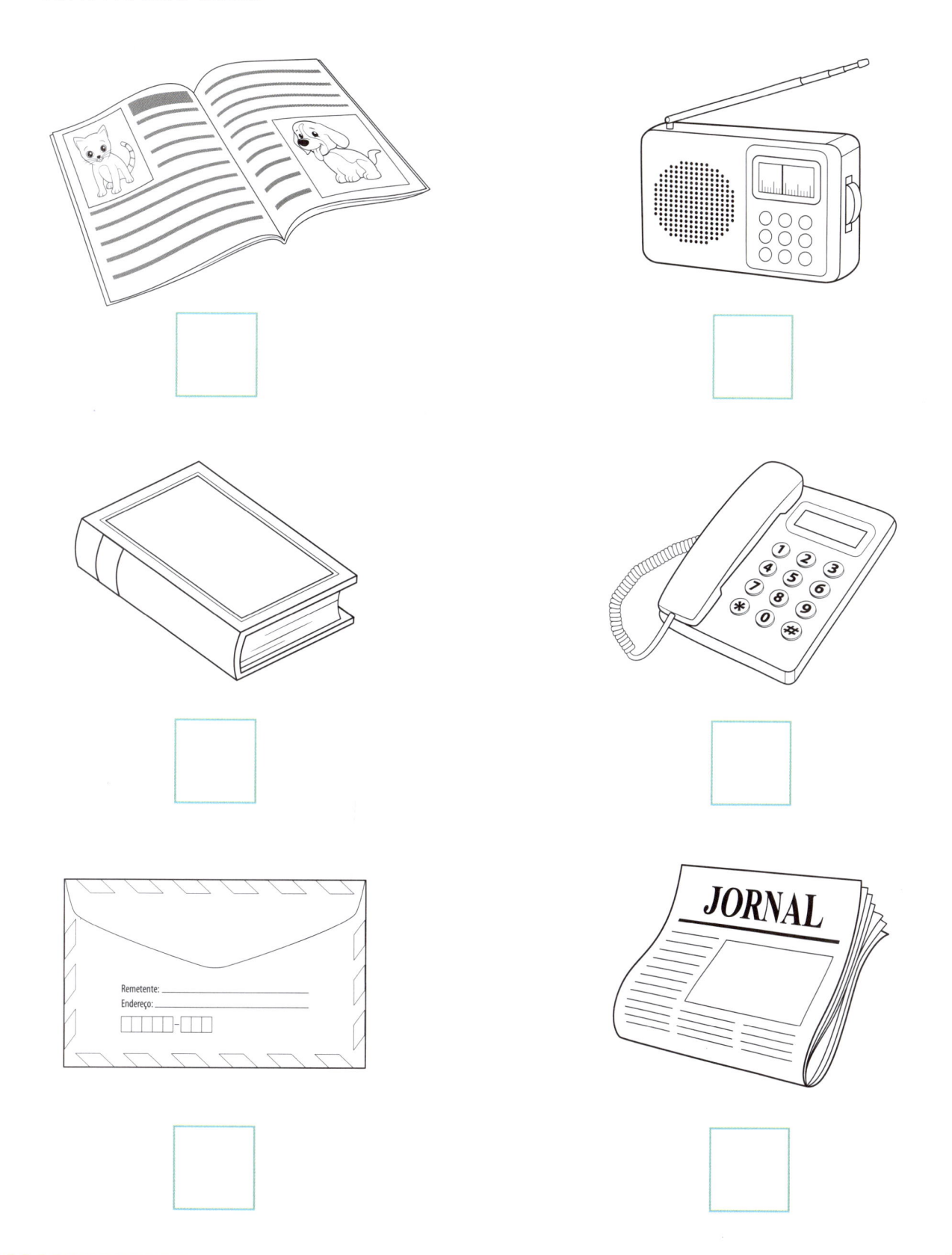

Cubra o tracejado com giz de cera para descobrir um meio de comunicação. Depois, pinte-o com capricho.

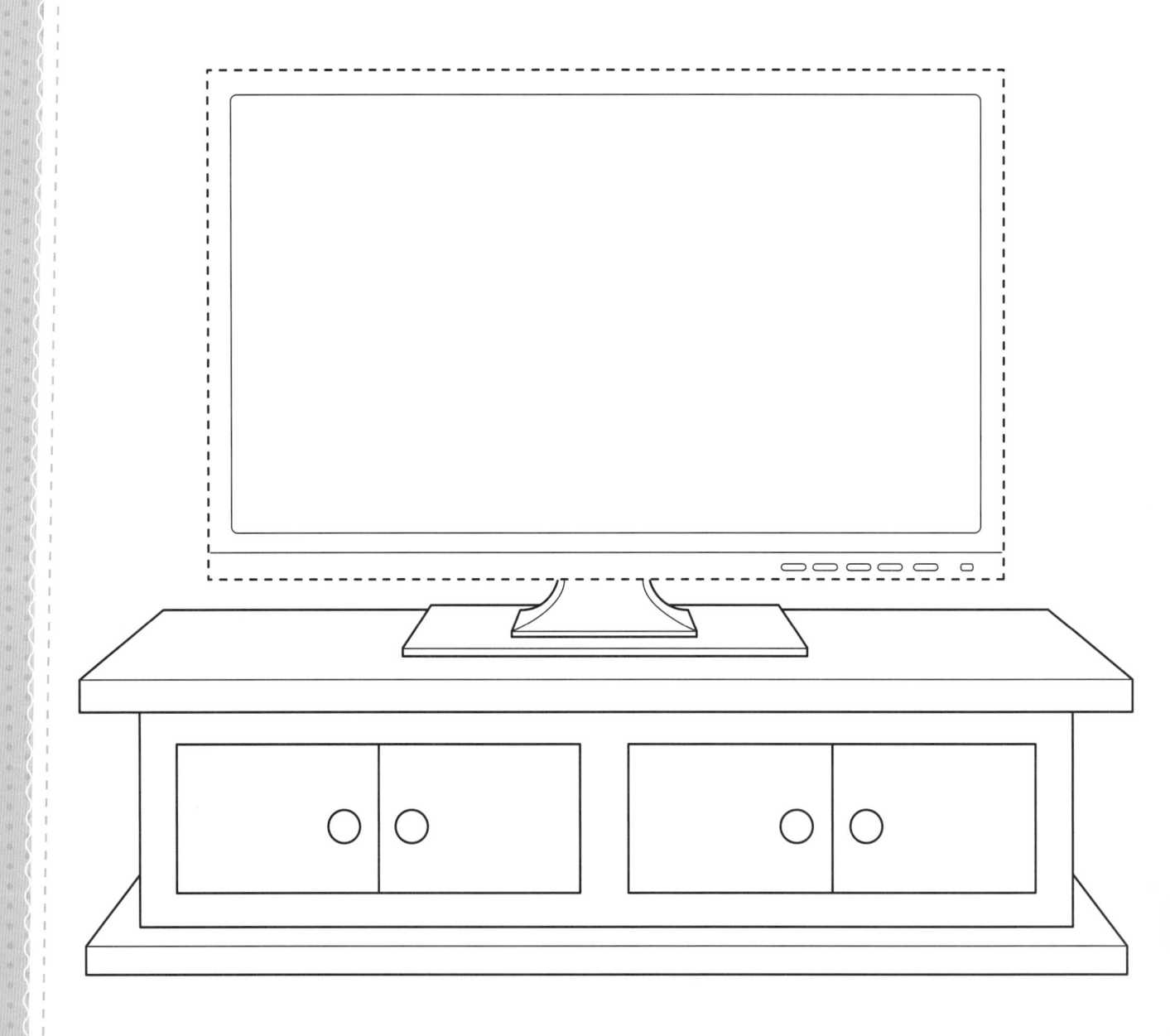

Recorte de jornais e revistas figuras de diferentes meios de comunicação. Depois, cole-as no quadro.

AS PROFISSÕES

Profissão é o trabalho que uma pessoa exerce.

Faça um **X** nas imagens que representam as profissões que você conhece.

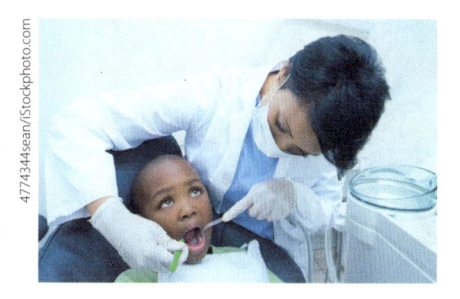

A **professora** ensina os alunos a ler, escrever, contar, entre outras coisas.

A **dentista** cuida da saúde bucal das pessoas.

O **pedreiro** constrói e reforma casas, edifícios etc.

A **médica** cuida da saúde das pessoas.

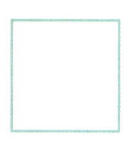

O **carteiro** entrega correspondências (cartas, telegramas, contas públicas etc.).

O **mecânico** conserta e realiza a manutenção de veículos e máquinas.

Observe mais algumas profissões.

Você conhece alguém que exerce alguma delas? Circule a imagem que representa esse profissional.

A **bombeira** apaga incêndios e ajuda pessoas em perigo.

A **guarda de trânsito** ajuda a organizar o trânsito de veículos e pessoas.

O **piloto** dirige aviões e helicópteros.

O **jogador de futebol** defende seu time.

O **tratorista** dirige tratores.

A **costureira** costura roupas, cortinas etc.

Represente a seguir a profissão que você gostaria de ter quando for adulto. Você pode colar fotografias ou imagens de jornais e revistas ou, se preferir, desenhar usando materiais diversificados.

Ligue cada profissional ao instrumento que ele utiliza. Observe o exemplo.

CIDADANIA

Todas as pessoas têm direitos e deveres que devem ser respeitados para a boa convivência.

Observe a imagem e descubra algumas regras de convivência em sala de aula. Depois, pinte a cena com capricho.

Observe as cenas. Depois, circule as que representam boas atitudes para manter sempre agradável o convívio em sala de aula e na escola.

Observe as cenas e pinte o rostinho que demonstra como você se sente com cada uma das situações. Você fica feliz ou triste?

Cubra os tracejados e descubra um importante bem para a vida no planeta Terra. Depois, pinte a cena de modo bem bonito.

DATAS COMEMORATIVAS

Carnaval

O Carnaval é uma grande festa popular comemorada em todas as regiões do Brasil.

Conheça a seguir o Carnaval de algumas cidades e, depois, marque o que mais se parece com o da cidade onde você mora.

Desfile de escola de samba na Sapucaí, no Rio de Janeiro, Rio de Janeiro.

Desfile de bonecos gigantes em Olinda, Pernambuco.

Desfile de trios elétricos em Salvador, Bahia.

Desfile do Galo da Madrugada em Recife, Pernambuco.

Use sua criatividade para decorar a máscara de palhaço. Depois, destaque a página e cole-a numa cartolina ou em papel-cartão. Recorte a máscara e use-a no Carnaval.

Desenhe a seguir como você gosta de comemorar o Carnaval. Use lápis de cor e canetinha hidrocor de várias cores.

Páscoa

A Páscoa é uma festa cristã em que se comemora a ressurreição de Jesus Cristo.

Pinte o ovo de Páscoa com lápis de cor colorido e, depois, cole estrelinhas nele para decorá-lo.

Cante

Coelhinho

De olhos vermelhos
De pelo branquinho
De orelhas bem grandes
Eu sou coelhinho.
[...]

Cantiga.

Cole algodão no coelhinho da Páscoa para deixá-lo bem fofinho!

Dia do Índio

No dia 19 de abril comemora-se o Dia do Índio.

Você sabia que muitos hábitos atuais foram herdados da cultura indígena?

Conheça alguns elementos que fazem parte dos hábitos e da cultura indígena.

Indígenas yanomamis ralando mandioca para o preparo de beiju, em Barcelos, Amazonas.

Indígenas kalapalo no ritual Kuarup na Aldeia Aiha, em Querência, Mato Grosso.

Indígenas barasano e tuyuca tomando banho no Igarapé Tarumã-Açu, Aldeia Rouxinol, em Manaus, Amazonas.

Indígena umutina da Aldeia Cachoeirinha da Terra em apresentação com arco e flecha, em Barra do Bugres, Mato Grosso.

Os indígenas que vivem em aldeias costumam morar em ocas. Veja a seguir algumas dessas construções em diferentes comunidades e circule aquela de que você mais gosta.

Oca da etnia kuikuro (réplica de aldeia do Xingu, na Toca da Raposa), em Juquitiba, São Paulo.

Moradia do cacique Aritana na Aldeia Yawalapiti no Parque Indígena do Xingu, em Gaúcha do Norte, Mato Grosso.

Oca da etnia xavante na Aldeia Idzu-hurro, em General Carneiro, Mato Grosso.

Que tal fazer uma máscara de curumim?

Imagine que haverá uma festa na aldeia e enfeite o indiozinho para essa comemoração. Você pode desenhar enfeites nas orelhas, fazer pinturas no rosto, decorar com penas etc. Use a criatividade!

Em dias festivos, alguns indígenas usam cocares e tangas feitos de penas coloridas caídas de aves. Eles confeccionam os instrumentos musicais com elementos retirados da natureza. Pinte os acessórios indígenas a seguir de maneira bem bonita.

Cocar.

Tanga.

Chocalho.

Flauta.

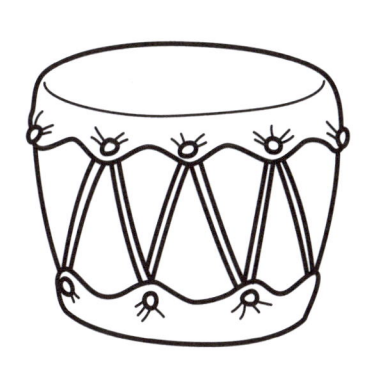

Tambor.

Dia das Mães

O Dia das Mães é comemorado no 2º domingo do mês de maio. Pinte os presentes a seguir e, depois, circule aquele que você gostaria de oferecer, nessa data tão especial, à sua mamãe ou à pessoa que cuida de você.

Perfume

Represente sua mãe ou a pessoa que cuida de você no espaço a seguir. Você pode colar uma fotografia ou figuras de jornais e revistas. Se preferir, faça um desenho usando cola colorida.

Sua mãe ou pessoa que cuida de você merece o melhor! Recorte o cartão a seguir, dobre-o na linha central e complete a parte da frente com um lindo desenho. Depois de pronto, ofereça-o a ela com todo o seu amor.

Mamãe,

eu amo muito você! Agradeço por estar sempre ao meu lado. Com amor,

_____.

Festas Juninas

As Festas Juninas são comemoradas por todo o Brasil no mês de junho. São festas divertidas com bandeirinhas coloridas, comidas gostosas, músicas e danças típicas.

Pinte as bandeirinhas a seguir para enfeitar a página para uma festa junina.

Pinte as figuras que fazem parte de uma festa junina. Depois, circule a que representa aquilo de que você mais gosta nessas festas.

Brincadeiras.

Quadrilha.

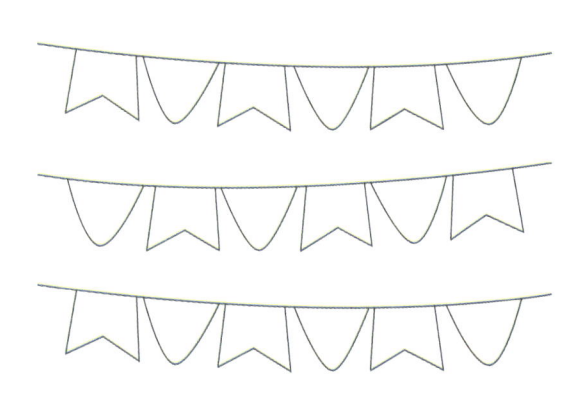

Enfeites.

Trajes típicos.

Comidas típicas.

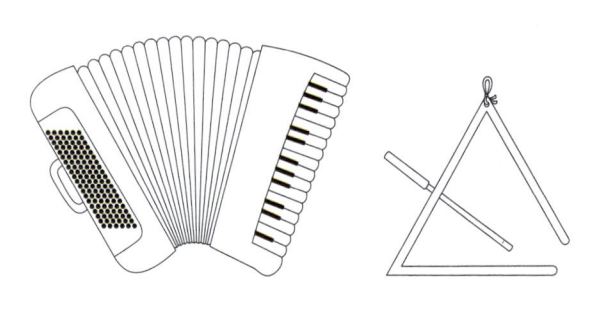

Músicas típicas.

Monte a fogueira colando palitos de sorvete quebrados em cima dos troncos e papel celofane para representar o fogo.

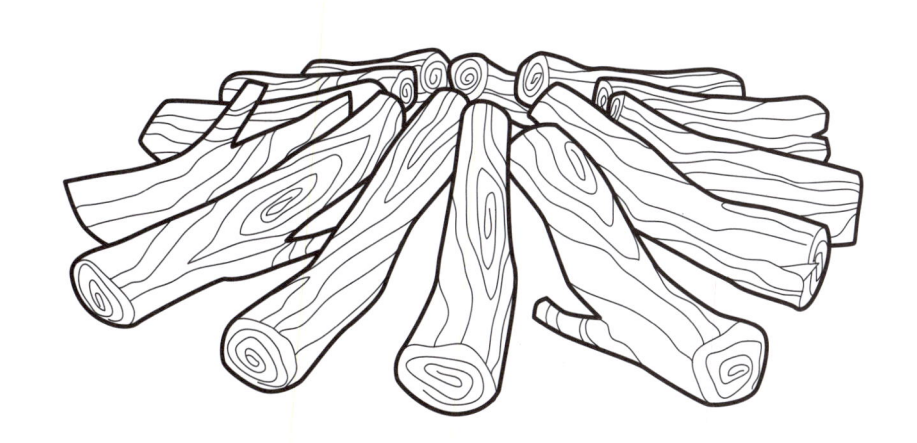

Dia dos Pais

O Dia dos Pais é comemorado no 2º domingo do mês de agosto.

Recorte de jornais e revistas imagens que representem algo que você gostaria de oferecer, nessa data tão especial, a seu papai ou à pessoa que cuida de você. Cole-as no espaço a seguir.

Represente seu pai ou a pessoa que cuida de você no espaço a seguir. Você pode colar uma fotografia ou figuras de jornais e revistas. Se preferir, faça um desenho usando cola colorida.

Seu pai ou pessoa que cuida de você merece o melhor! Recorte o cartão a seguir, dobre-o na linha central e complete a parte da frente com um lindo desenho. Depois de pronto, ofereça-o a ele com todo o seu amor.

Papai, eu amo muito você! Agradeço por estar sempre ao meu lado. Com amor,

_____.

Dia do Soldado

No dia 25 de agosto se comemora o Dia do Soldado. O soldado é treinado para defender a pátria.

Recorte as peças do quebra-cabeça acompanhando o tracejado e brinque com os colegas algumas vezes. Depois, cole-o na página 101, montando a figura.

Monte o soldado colando as partes nos lugares corretos. Depois que ele estiver seco, complete a cena com um belo desenho para comemorar o dia desse profissional. Use cola colorida.

Dia da Independência do Brasil

No dia 7 de setembro é comemorada a Independência do Brasil.

Foi D. Pedro I quem proclamou a independência do Brasil às margens do Riacho Ipiranga, na cidade de São Paulo. Veja um retrato de D. Pedro I.

Agora, pinte a coroa dele com giz de cera.

Henrique José da Silva. **Retrato de D. Pedro I**, c. 1825. Óleo sobre tela, 72,1 × 56,6 cm.

Cante

7 de Setembro

Viva sete de setembro,
Uma data tão festiva.
Foi a independência
Desta terra tão querida!

Viva! Viva! Viva! Viva!
A independência do Brasil!
Que hoje está liberto,
Cheio de encantos mil.

(Melodia para cantar: **Marcha soldado**.)

Observe a tela que representa o momento da independência do Brasil. Depois, com canetinha hidrocor 🟥, circule a espada de D. Pedro I e, com canetinha hidrocor 🟩, circule as outras espadas que você conseguir encontrar na tela.

Pedro Américo. **Independência ou morte**, 1888. Óleo sobre tela, 760 × 415 cm.

Veja a espada a seguir. Ela é parecida com aquela usada por D. Pedro I para declarar a independência do Brasil, quando gritou:

– **Independência ou morte!**

Pinte a espada com lápis de cor e, depois, cole pedaços de papel prateado nela.

Dia da Árvore

No dia 21 de setembro é comemorado o Dia da Árvore.

Complete a árvore colando em sua copa folhas secas recolhidas por você.

O açaizeiro
Do alto de uma palmeira
Pende um cacho derramado
Com frutos, muito pequenos,
De um tom arroxeado.
Esse é o açaizeiro
De açaí carregado.
[...]

Maria Augusta de Medeiros. **O riso da melancia**. São Paulo: FTD, 2013. p. 16.

Desenhe no quadro uma árvore bem bonita.

Dia Mundial dos Animais

Declaração Universal dos Direitos dos Animais

Art. 1º - Todos os animais nascem iguais perante a vida e têm os mesmos direitos à existência.

UNESCO. **Declaração Universal dos Direitos dos Animais**. Bruxelas (Bélgica), 27 de janeiro de 1978.

No dia 4 de outubro comemoramos o Dia Mundial dos Animais. Desenhe no quadro seu animal preferido com bastante capricho.

Dia da Criança

No dia 12 de outubro comemoramos o Dia da Criança. Marque um **X** no que você gosta de fazer em seu dia.

Ir ao circo. ☐

Jogar bola. ☐

Brincar no balanço. ☐

Visitar o zoológico. ☐

Andar de bicicleta. ☐

Cantar e dançar. ☐

Brincar de roda. ☐

Ler e estudar. ☐

Cante

Ciranda, cirandinha

Ciranda, cirandinha
Vamos todos cirandar
Vamos dar a meia-volta
Volta e meia vamos dar.
[...]

Cantiga.

Brincar de roda é muito bom! Convide os amigos para brincar de roda.

Depois, pinte o desenho usando lápis de cor.

As crianças ficam felizes quando brincam!

Cole no quadro fotografias de jornais e revistas de seus brinquedos e brincadeiras prediletos. Se preferir, faça um desenho usando cola colorida.

Toda criança gosta de brincar com bola!

Pinte cada parte da bola com tinta a dedo nas cores indicadas.

Cante

Rebola a bola
Você diz que dá e dá.
Você diz que dá na bola,
Na bola você não dá.
[...]

Cantiga.

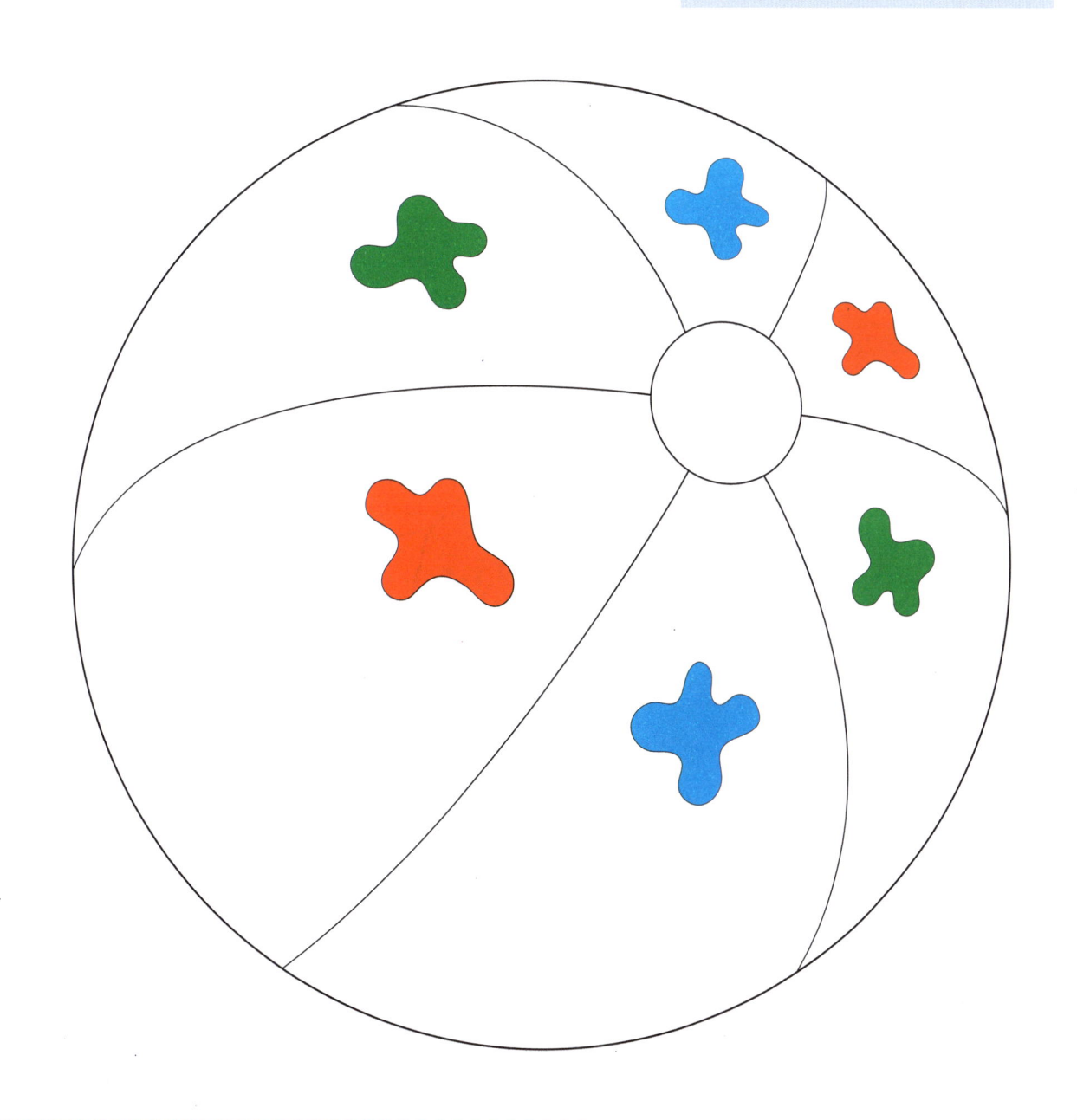

Dia do Professor

O Dia do Professor é comemorado em 15 de outubro.

O professor nos ensina a ler, escrever, fazer contas e muito mais. Por isso ele merece nosso respeito e carinho.

Faça um desenho para representar o que você mais gostou de aprender com seu professor. Use lápis de cor e canetinha hidrocor.

Pinte as imagens a seguir e, depois, marque um **X** no que você gostaria de oferecer como presente a seu professor nessa data especial.

Seu professor merece seu carinho e reconhecimento! Recorte o cartão a seguir, dobre-o na linha central e complete a parte da frente com um lindo desenho. Depois de pronto, ofereça-o a seu professor.

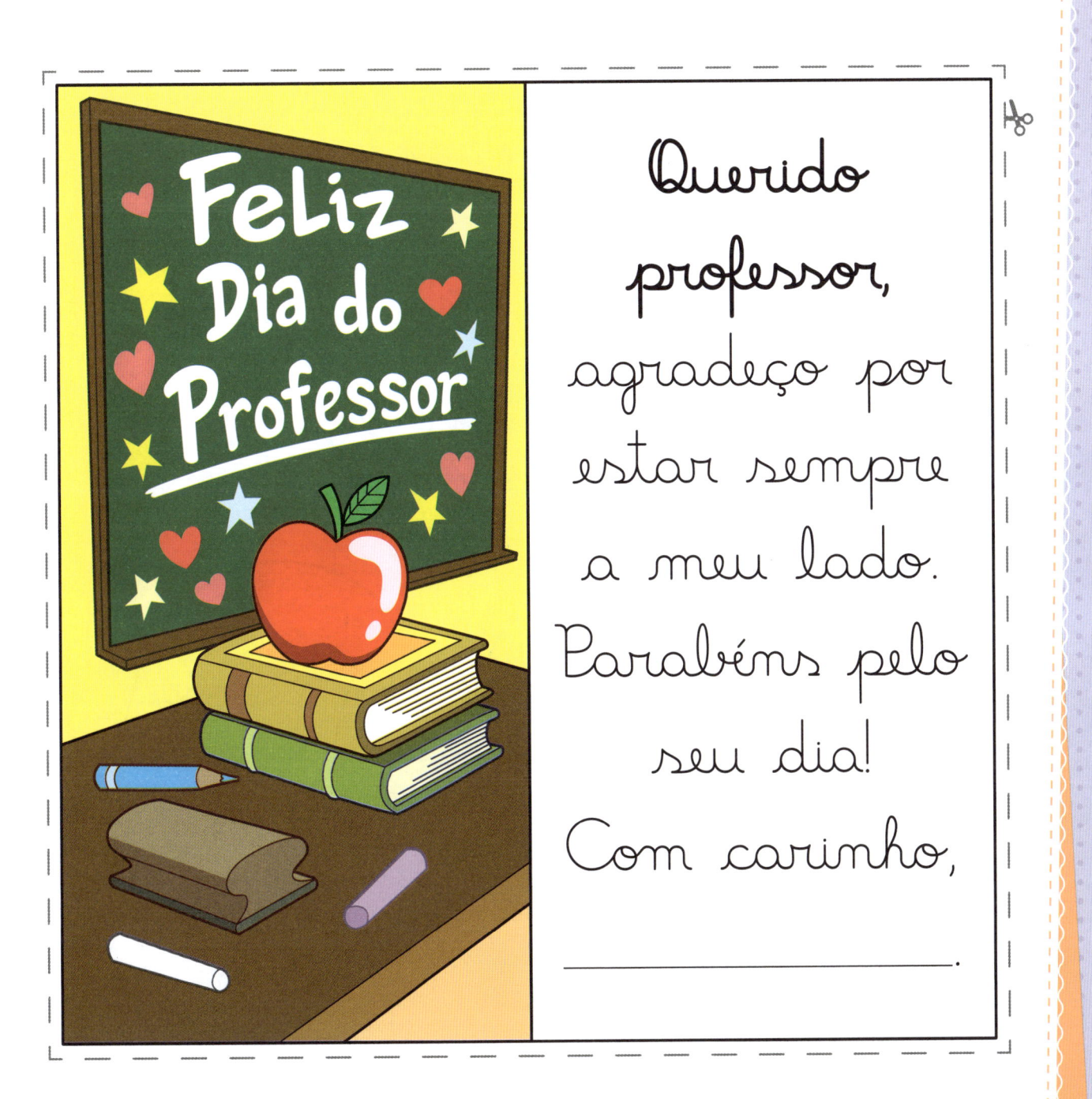

Feliz Dia do Professor

Querido professor, agradeço por estar sempre a meu lado. Parabéns pelo seu dia! Com carinho, _____.

Dia da Aviação

No dia 23 de outubro comemoramos o Dia da Aviação.

Foi nessa data que **Alberto Santos Dumont** alçou voo com um de seus aviões. Por esse motivo ele é considerado o Pai da Aviação.

Com canetinha hidrocor, desenhe um avião. Depois, pinte-o com giz de cera.

Retrato de Alberto Santos Dumont (1872-1932), início do século XX.

Um dos aviões inventados por Santos Dumont chamava-se 14-Bis. Ele não era igual aos aviões modernos.

Veja-o a seguir e pinte-o usando lápis de cor 🟢.

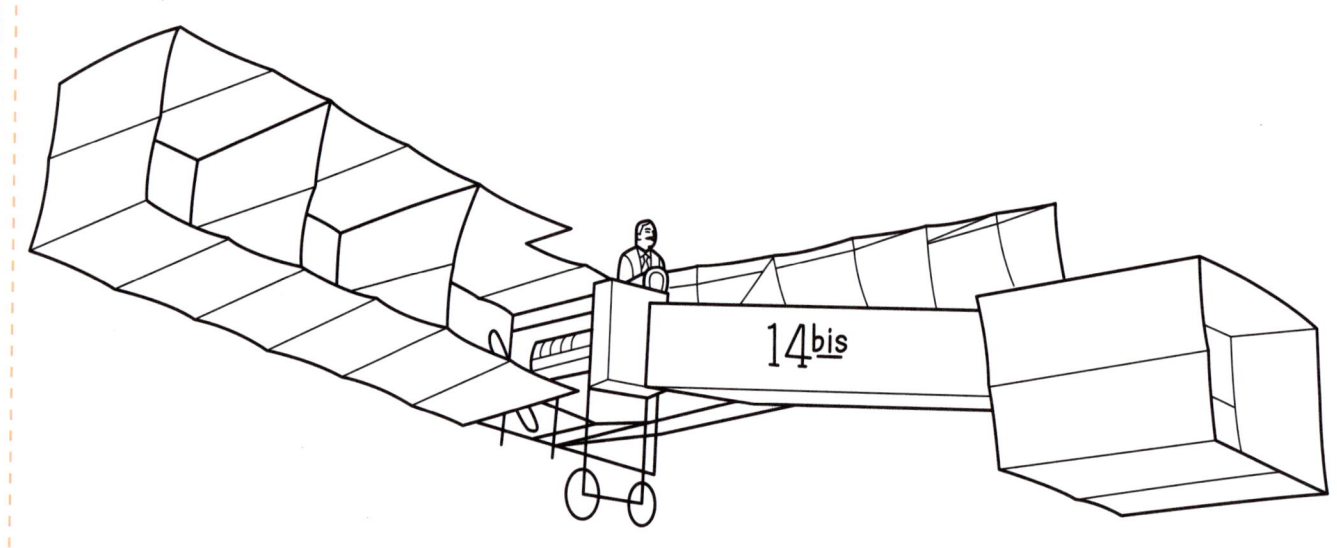

Agora, cubra o tracejado com canetinha hidrocor ⚫ para descobrir a imagem de um avião moderno. Depois, pinte-o com sua cor predileta.

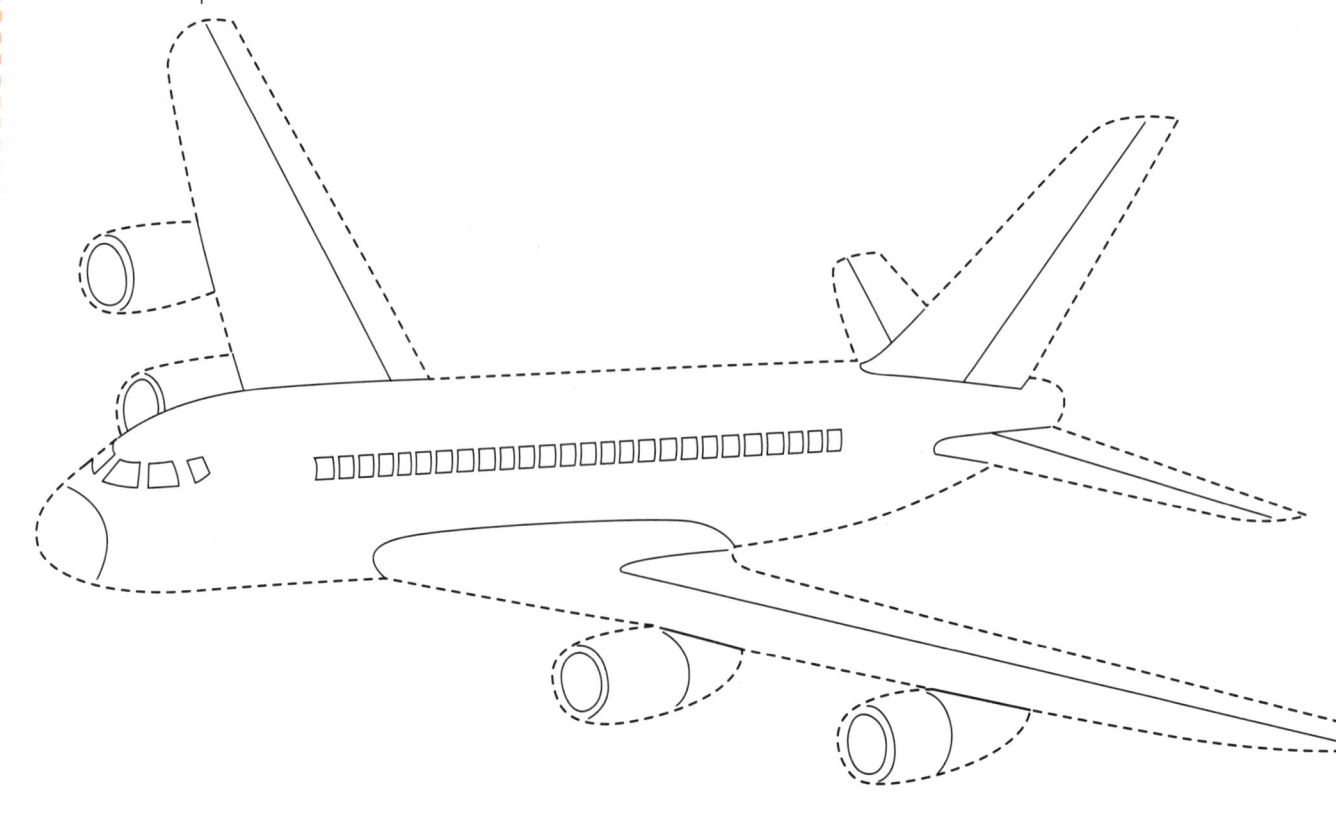

Recorte o retângulo a seguir na linha tracejada e siga o passo a passo para fazer a dobradura de um avião.

Dia da Bandeira

No dia 19 de novembro comemoramos o Dia da Bandeira.

Esta é nossa bandeira. Pinte cada parte dela com a cor indicada. Depois, cole bolinhas de papel nessas cores.

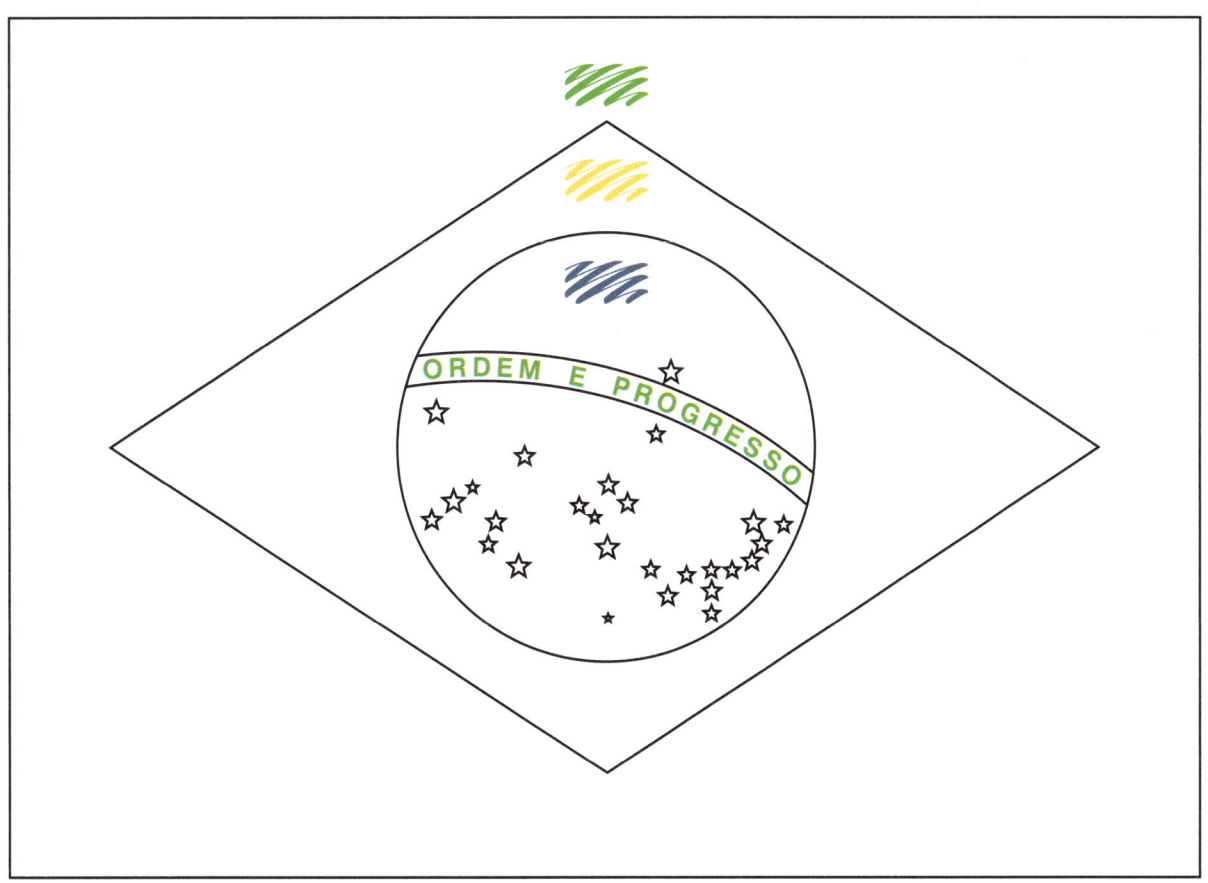

Cante

Bandeira do Brasil
Bandeira do Brasil
Tem estrelas tão branquinhas.
É verde, é amarela,
É azul, é cor de anil.

Novembro, dezenove,
É o dia da Bandeira.
Bandeira tão formosa
Só a brasileira!

(Melodia para cantar: **Ciranda, cirandinha**.)

Você já sabe que as cores de nossa bandeira são 🟢, 🟡, 🔵 e ⚫.

No quadro abaixo faça um desenho com pincel e tinta guache nas cores da bandeira para comemorar o dia dela.

Natal

O Natal é uma festa cristã comemorada no dia 25 de dezembro. Ela relembra o nascimento de Jesus Cristo.

Um dos símbolos do Natal é a Árvore de Natal. Cubra o tracejado com canetinha hidrocor e pinte a árvore. Depois, enfeite-a com lantejoulas coloridas para representar as bolinhas.

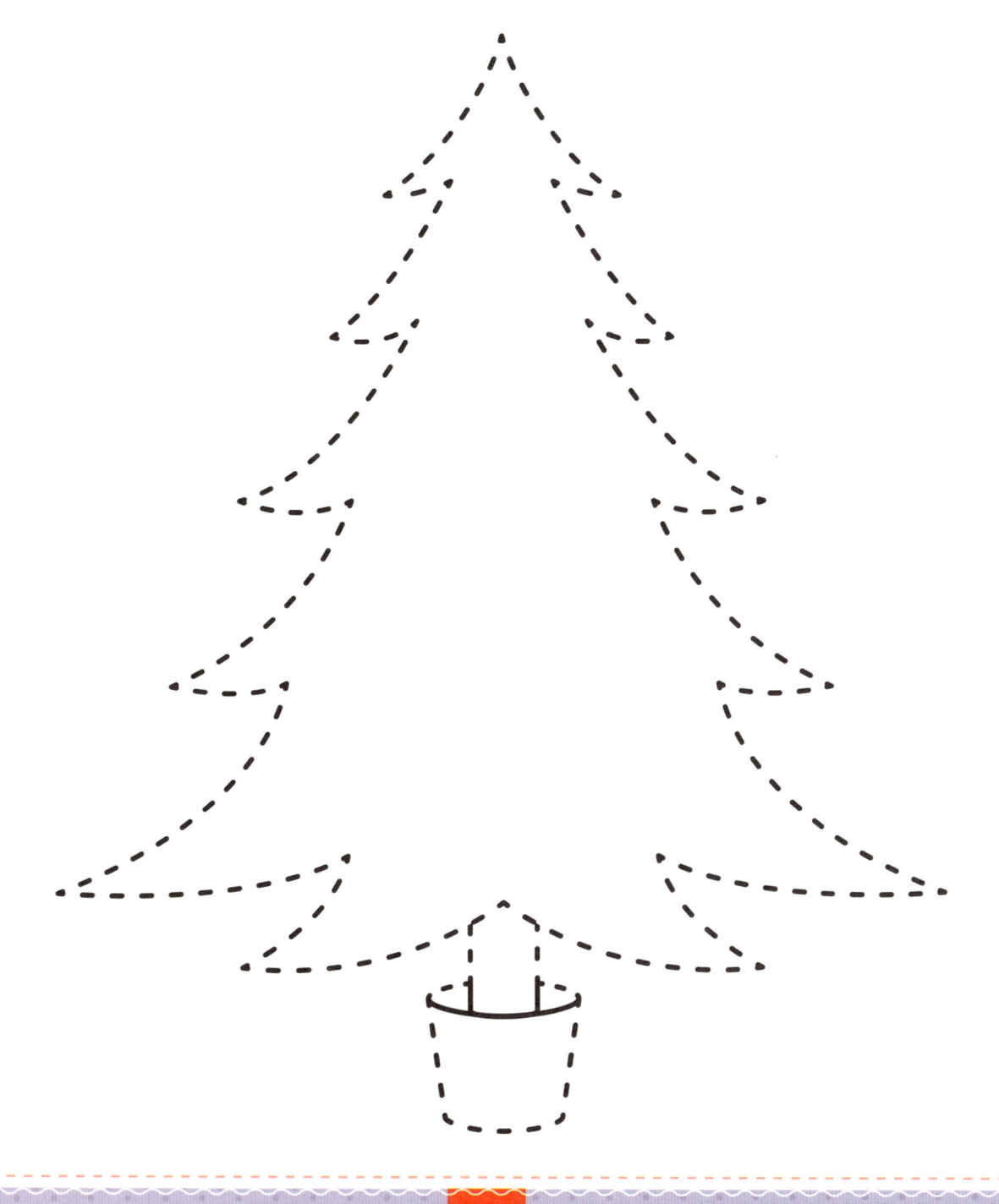

Outro símbolo do Natal é o Papai Noel.
Cole pedacinhos de papel laminado no gorro do Papai Noel. Depois, cole algodão no pompom, na barba e na sobrancelha dele.

Meu mundo

Sergiy Bykhunenko/Shutterstock

SUMÁRIO

Coordenação motora 135
Os seres vivos e os elementos não vivos 147
A água 153
    As utilidades da água 154
As plantas 159
Os animais 164
    Onde vivem os animais 168
    Animais domesticados e animais silvestres 169
    Os animais e suas relações com os seres humanos 173
    Algumas diferenças entre os animais 178
    O som dos animais 179
As estações do ano 181
Hábitos de higiene e saúde 186
    Evitando acidentes 190
Os órgãos dos sentidos 193
    Visão 193
    Olfato 194
    Audição 195
    Gustação 196
    Tato 197
Educação ambiental 205

COORDENAÇÃO MOTORA

A borboleta é um animal que voa.
Pinte as asas desta borboleta com tinta guache usando sua cor preferida.

Cante

Borboletinha

Borboletinha
Tá na cozinha
Fazendo chocolate
Para a madrinha.
Poti, poti
Perna de pau
Olho de vidro
E nariz de pica-pau.

Cantiga.

O Pato
Qué, qué, qué,
Quá, quá, quá,
O Patinho
Vai nadar! [...]

Maria Augusta de Medeiros. **O quintal de São Francisco**. São Paulo: Paulinas, 2012. p. 12.

Os patinhos gostam de nadar. Leve-os até o lago desenhando com giz de cera o caminho que devem percorrer.

Cante

O sapo não lava o pé!
O sapo não lava o pé!
Não lava porque não quer.
Ele mora lá na lagoa,
Não lava o pé porque não quer.
Mas que chulé!

Cantiga.

Os sapos costumam saltar para se locomover. Cubra com lápis de cor os tracejados dos pulos dos sapinhos.

A pomba é uma ave e pode voar.

Com giz de lousa molhado, termine de pintar o céu por onde a pombinha está voando.

Cante

Pombinha branca
Pombinha branca
O que está fazendo?
Lavando roupa
Pro casamento.

Cantiga.

Manhã
O canto
Do galo
Abre as cortinas
Do dia.

<small>Sérgio Capparelli. **111 poemas para crianças**. Porto Alegre: L&PM, 2009. p. 134.</small>

Pinte a cena fazendo pontinhos com canetinha hidrocor colorida.

Pandas adoram comer bambu.

Cubra o tracejado com canetinha hidrocor para levar o panda até o bambuzal. Depois, pinte tudo com capricho.

Vários artistas se inspiram em animais para fazer obras de arte. Para descobrir a figura de um animal, recorte as peças do quebra-cabeça seguindo as linhas tracejadas e cole-as na página 145, formando uma tela do artista Aldemir Martins.

Aldemir Martins. **Galo**, 1978. Acrílica sobre tela, 33,5 × 22,5 cm.

Agora, cole aqui as peças que você recortou da página 143 e observe a imagem formada. Que animal você identifica?

Aldemir Martins. **Galo**, 1978. Acrílica sobre tela, 33,5 × 22,5 cm.

OS SERES VIVOS E OS ELEMENTOS NÃO VIVOS

Os **seres vivos** têm ciclo de vida: nascem, crescem, reproduzem-se e morrem.

Eles normalmente precisam de alimento, água, ar, luz e calor para viver.

Já os elementos que não têm vida, como pedras, areia, água e objetos construídos pelo ser humano, são chamados de **elementos não vivos**.

Observe as imagens a seguir e circule de 🟪 as que representam seres vivos.

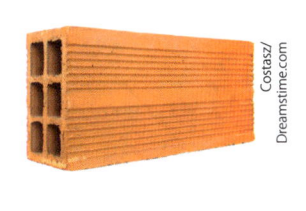

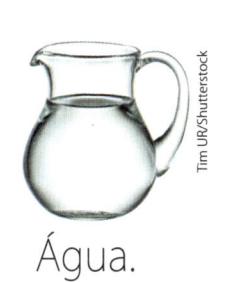

Pessoa.

Tijolo.

Carro.

Brinquedo.

Planta.

Água.

Roupa.

Pedra.

Animal.

Pinte de 🟧 as figuras que representam os seres vivos e de 🟦 as que representam os elementos não vivos.

Recorte de jornais e revistas figuras de seres vivos e cole-as no quadro.

Seres vivos

Recorte de jornais e revistas figuras de elementos não vivos e cole-as no quadro.

Elementos não vivos

A ÁGUA

A água é muito importante para os seres vivos, por isso devemos preservá-la.

Ela pode ser encontrada em diferentes lugares. Veja alguns desses locais nas imagens a seguir.

Em mares.

Em rios.

Em lagos.

Em poços.

Agora, desenhe um dos lugares onde você encontra água na sua casa.

As utilidades da água

Usamos a água em muitas atividades.

Observe as figuras que mostram como podemos utilizar a água no dia a dia. Depois, marque as atividades que você pratica com um **X**.

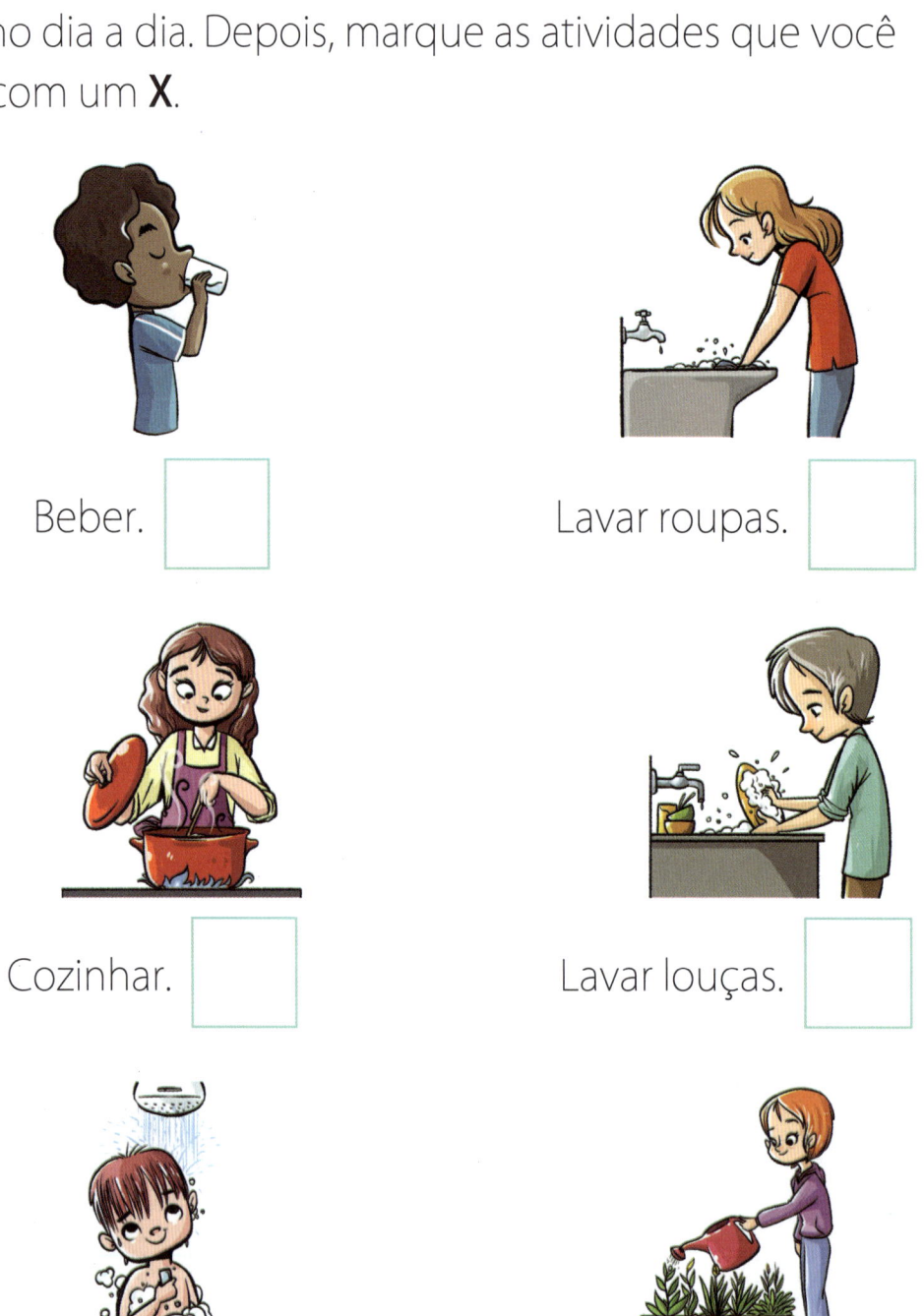

Beber. ☐

Lavar roupas. ☐

Cozinhar. ☐

Lavar louças. ☐

Tomar banho. ☐

Regar plantas. ☐

Observe estas outras utilidades da água e, depois, circule as que você costuma ver com mais frequência.

Lavar frutas e verduras.

Nadar.

Navegar.

Limpar a casa.

Lavar o carro.

Produzir energia elétrica.

Escovar os dentes.

Mas atenção: nada de desperdício!
Temos de preservar a água de nosso planeta!

A água é um recurso natural muito valioso.

Observe as figuras a seguir e converse com os colegas sobre o que as pessoas estão fazendo.

Em seguida, faça um **X** nas cenas que indicam desperdício de água.

Apesar de haver água em diversos lugares, só devemos beber água filtrada ou fervida.

Cubra o tracejado e descubra um objeto que nos ajuda a ter água boa para beber. Depois, pinte-o com capricho.

Cante

Peixe vivo

Como pode um peixe vivo
Viver fora da água fria?
Como poderei viver?
Sem a tua, sem a tua,
Sem a tua companhia?

Cantiga.

Observe as imagens a seguir e circule os seres que precisam de água para viver.

AS PLANTAS

As plantas são seres vivos porque nascem, crescem, reproduzem-se e morrem. Veja:

Observe alguns tipos de planta e circule os que você conhece.

Muitas plantas dão frutos gostosos.

Desenhe e pinte sua fruta predileta. Use canetinha hidrocor colorida.

Passeie pelas áreas verdes da escola e recolha do chão partes de plantas, como folhas, flores e frutos. Cole o que encontrar no espaço a seguir.

Observe a árvore a seguir. Estão faltando alguns elementos nela. Com giz de cera, complete a planta desenhando folhas, flores e frutos.

OS ANIMAIS

Os animais são seres vivos, pois eles nascem, crescem, reproduzem-se e morrem.

Com canetinha hidrocor, desenhe o pintinho que acabou de nascer. Depois, pinte-o com giz de cera.

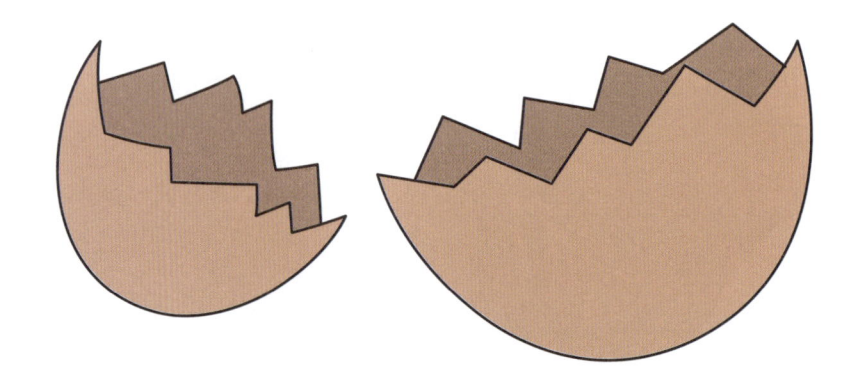

Há animais que têm quatro patas; outros, duas patas. E alguns rastejam no chão.

Circule com cores iguais os animais que têm a mesma quantidade de patas. Depois, faça um **X** nos animais que rastejam.

Há animais de vários tamanhos.

Observe as figuras e pinte de 🟢 os animais grandes e de 🟠 os pequenos.

Desenhe no quadro um animal maior que este.

Desenhe no quadro um animal menor que este.

Onde vivem os animais

Os animais podem viver na terra ou na água.

Observe os animais a seguir. Depois, circule de 🟫 aqueles que vivem na terra e de 🟦 aqueles que vivem na água.

Animais domesticados e animais silvestres

Cetim

Eu tenho um gatinho
Chamado Cetim.
É alegre e mansinho
E gosta de mim.
[...]

Zalina Rolim. Disponível em: <www.recantodasletras.com.br/infantil/512453>. Acesso em: mar. 2015.

Há animais que podem viver em nossas casas, quintais, sítios etc.; são **animais domesticados**.

Circule de 🟧 o animal que você tem ou gostaria de ter em casa.

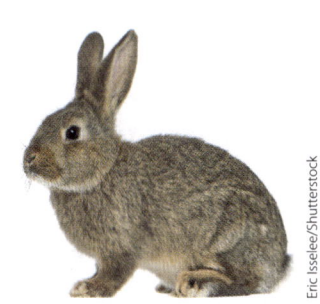

[...]
O verde camaleão
Da mesma cor da ramagem,
Dezenas de periquitos
Brincam em camaradagem.
[...]

Costa Senna. **Caminhos diversos sob os signos do Cordel**. São Paulo: Global, 2008. p. 40.

Alguns animais vivem na natureza, longe do convívio dos seres humanos. Eles são os **animais silvestres**.

Com canetinha hidrocor, circule o animal silvestre de que você mais gosta.

Pinte somente os animais que podem ser domesticados, ou seja, aqueles que podem morar em casas, quintais ou sítios.

Agora, pinte apenas os animais silvestres, ou seja, aqueles que vivem na natureza.

Os animais e suas relações com os seres humanos

Animais que podem ser úteis aos seres humanos

Muitos animais podem ajudar os seres humanos em algumas situações: carregando cargas, servindo de meio de transporte, fornecendo alimentos, lã etc.

Veja alguns exemplos a seguir e, com canetinha hidrocor, marque um **X** nos produtos que você conhece.

A vaca pode fornecer leite e carne.

O porco pode fornecer linguiça, carne e banha.

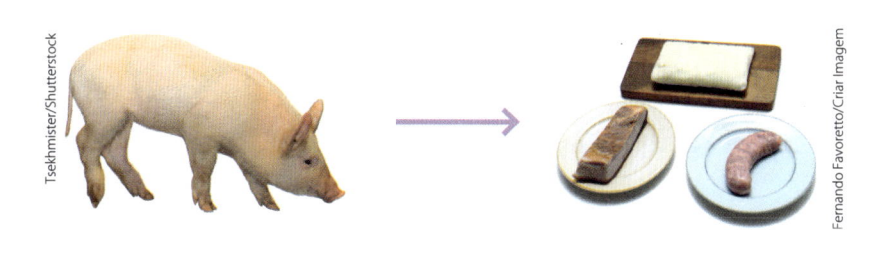

A galinha pode fornecer ovos e carne.

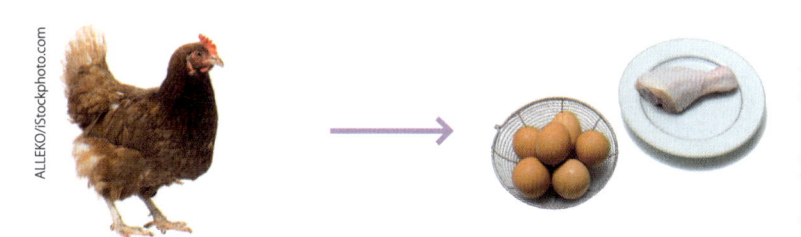

Observe mais alguns exemplos. Depois, desenhe em uma folha de papel à parte um animal que pode ser útil aos seres humanos.

A abelha pode fornecer mel.

O peixe pode fornecer carne.

O cavalo pode transportar cargas, pessoas e também participar de competições esportivas.

O burro e o boi podem carregar cargas e são utilizados na agricultura.

[...]
E a Rosinha com a cesta
Colhia todos os ovos
Amarelinhos, fresquinhos
Certamente saborosos!

Que daqui a pouco iam
Num instante se transformar
Em bolos, tortas, pudins
Ou delicioso manjar.
[...]

Maria Glória Rodriguez Dominguez. **A fazenda Bem-te-vi**. São Paulo: Editora do Brasil, 2008. p. 10.

Pinte as figuras e, depois, ligue cada animal ao produto que ele pode fornecer.

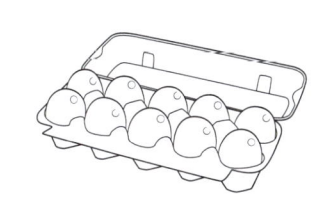

Cante

O sítio do seu Lobato

Seu Lobato tinha um sítio, ia, ia, ô
E no sítio tinha um cachorrinho, ia, ia, ô
Era au, au, au pra cá
Era au, au, au pra lá
Era au, au, au pra todo lado, ia, ia, ô. [...]

Cantiga.

Observe os animais do sítio do seu Lobato e dê um bonito colorido ao desenho.

Animais que podem ser nocivos aos seres humanos

Há animais que podem prejudicar os seres humanos. Eles são chamados de **animais nocivos**. Observe alguns exemplos e circule os de que você não gosta.

- Ratos, baratas, moscas, mosquitos e pulgas podem transmitir doenças a outros animais e aos seres humanos.

- Gafanhotos e formigas em grandes quantidades podem destruir plantações.

- Algumas cobras, aranhas e alguns escorpiões são venenosos e podem prejudicar outros animais e os seres humanos.

Algumas diferenças entre os animais

Os animais podem ser agrupados de acordo com suas características físicas. Observe a seguir algumas diferenças entre eles e, depois, escolha um animal e o imite.

As **aves** têm o corpo coberto de penas, têm bico e a maioria delas voa.

Os **peixes** nadam e têm o corpo coberto de escamas ou de uma pele especial.

O **gato** e o **macaco** têm o corpo coberto de pelos e mamam quando filhotes.

A **tartaruga** e o **jacaré** têm o corpo coberto por escamas ou uma placa dura chamada carapaça. Apesar de terem patas, eles rastejam.

O **sapo** e a **salamandra** não têm pelos nem escamas; a pele deles é lisa e úmida.

O som dos animais

A maioria dos animais produz algum som.
Pinte os animais e, depois, imite o som deles.

O cachorro **late**.

O gato **mia**.

A galinha **cacareja**.

O pintinho **pia**.

A vaca **muge**.

O leão **ruge**.

Recorte de jornais e revistas figuras de dois animais de que você goste e cole-as no quadro. Depois, explique aos colegas por que escolheu esses animais e o que conhece deles.

AS ESTAÇÕES DO ANO

As estações do ano são quatro: primavera, verão, outono e inverno.

Observe as imagens e marque um **X** na estação do ano de que você mais gosta.

A **primavera** é a estação das flores.

O **verão** é a estação do calor.

O **outono** é a estação dos frutos.

O **inverno** é a estação do frio.

Com a ajuda do professor, ligue o nome da estação à imagem correspondente.

Verão

Inverno

Outono

Primavera

Como você se veste quando está muito frio?
Faça um desenho para mostrar. Depois, pinte-o bem bonito.

Faça uma **+** na imagem que mostra o que você costuma fazer no verão.

O outono é a estação dos frutos.
Desenhe sua fruta preferida.

Na primavera as árvores florescem.
Desenhe uma flor bem bonita.

HÁBITOS DE HIGIENE E SAÚDE

Para crescerem fortes, ágeis e com muita disposição, as crianças precisam dormir e alimentar-se bem e brincar muito.

Observe imagens de atividades importantes para a boa saúde do corpo e, depois, pinte o quadrinho daquelas que você pratica.

Estudar.

Brincar.

Dormir de 8 a 10 horas diárias.

Fazer as refeições nas horas certas.

Praticar esportes.

Manter o lar limpo.

Para ter boa saúde é preciso cuidar da higiene do corpo. Faça uma • no que você faz para manter seu corpo limpo.

Tomar banho diariamente.

Usar roupas e calçados limpos.

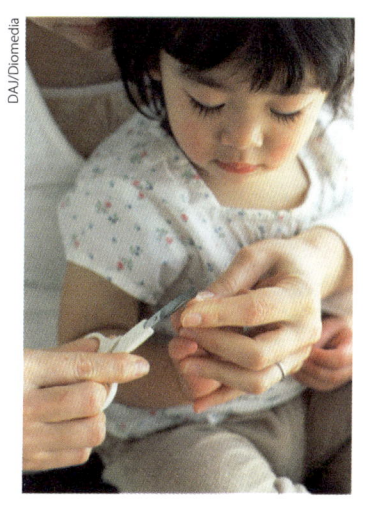

Limpar e cortar as unhas.

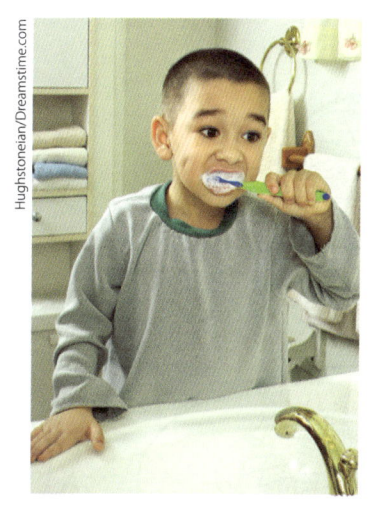

Escovar os dentes.

Lavar as mãos antes das refeições e quando usar o sanitário.

Lavar bem frutas e verduras antes de comê-las.

Cante

Meu lanchinho

Meu lanchinho, meu lanchinho,
Vou comer, vou comer.
Pra ficar fortinho,
Pra ficar fortinho
E crescer, e crescer.

Cantiga.

Para termos boa saúde, precisamos de uma alimentação saudável.

Pinte de 🟧 o que é bom para a saúde.

Cante

Nana neném

Nana neném
Que a cuca vem pegar
Papai foi pra roça
Mamãe foi trabalhar.

Desce gatinho
De cima do telhado
Pra ver se a criança
Dorme um sono sossegado.

Cantiga.

Dormir bem é muito importante para descansar o corpo e a mente. Com lápis de cor, desenhe onde você dorme. Depois, pinte tudo com capricho.

Evitando acidentes

Tomar cuidado com situações perigosas também é importante para ter boa saúde.

Observe algumas situações perigosas que devem ser evitadas.

Brincar com fogo ou produtos que produzem fogo.

Brincar com objetos cortantes ou pontiagudos.

Deixar gasolina ou álcool perto de fogo.

Chegar próximo ao fogão quando estiver aceso ou mexer em panelas quentes.

Colocar os dedos ou qualquer objeto em buracos de tomada ou mexer em fios elétricos.

Ficar exposto ao Sol sem filtro solar por muito tempo.

Andar descalço.

Brincar com fósforos ou fogos de artifício.

Subir em árvores e móveis ou correr em escadas.

Você sabe qual é o profissional que nos ajuda em caso de acidentes?

Pinte a imagem a seguir para descobrir. Depois, cole pedacinhos de papel laminado na roupa dele.

OS ÓRGÃOS DOS SENTIDOS

Os seres humanos têm cinco sentidos: **visão**, **olfato**, **audição**, **gustação** e **tato**. É por meio dos órgãos dos sentidos – olhos, nariz, orelhas, língua e pele – que percebemos o mundo a nosso redor.

Visão

Com os olhos podemos ver as pessoas, as plantas, os animais, os objetos, as paisagens etc.

Observe as imagens e, depois, conte aos colegas e ao professor o que mais você consegue ver.

Olfato

Com o nariz podemos sentir o cheiro dos alimentos, das flores, das verduras, do lixo etc.

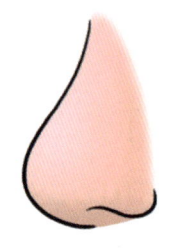

Observe as imagens e, depois, conte aos colegas e ao professor quais são os cheiros de que você mais gosta de sentir.

Audição

Com as orelhas ouvimos os sons da voz das pessoas, dos instrumentos, dos animais, dos aparelhos eletrônicos (televisão, rádio, telefone) etc.

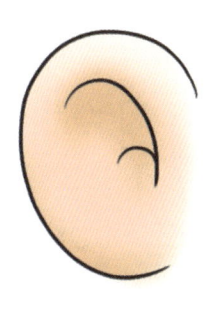

Com suas orelhas você pode ouvir muitas coisas, inclusive músicas. Observe as imagens e, depois, cante sua música predileta para os colegas e o professor.

Gustação

A língua é o órgão do sentido da gustação. Ela fica na boca. Com ela sentimos o gosto dos alimentos, que podem ter os sabores doce, salgado, azedo ou amargo.

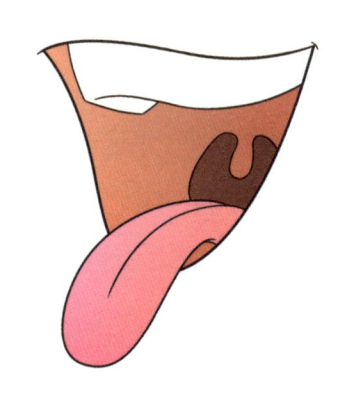

Observe as imagens e, depois, circule de 🟧 as que apresentam alimentos com os sabores que você prefere.

Tato

A pele recobre todo o nosso corpo, protegendo-o. É com ela que sentimos as temperaturas (frio, morno, quente) e a forma e a textura dos objetos (áspera, lisa, macia etc.).

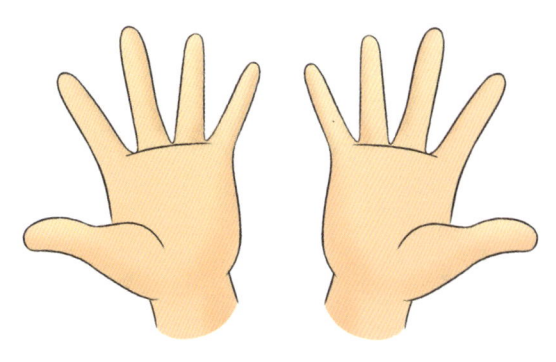

Observe as imagens e marque um **X** naquelas que representam texturas e temperaturas que você acha agradável sentir.

Marque um **X** no quadrinho das imagens que você gosta de ver.

Pinte de 🟩 o quadro das imagens que representam sons que você gosta de ouvir.

Circule as imagens que mostram o uso da gustação.

Pinte os objetos que exalam cheiros que você gosta de sentir.

Circule o que você acha ser macio.

Recorte de jornais e revistas imagens que mostrem os órgãos dos sentidos sendo usados. Cole-as no quadro a seguir e, depois, apresente o trabalho aos colegas e ao professor.

EDUCAÇÃO AMBIENTAL

É importante manter o lugar onde vivemos limpo e bem conservado para termos uma vida saudável.

Observe as cenas e marque um **X** naquela em que você gostaria de brincar.

As crianças podem ajudar muito a proteger o meio ambiente! Marque um **X** na cena que mostra o que você costuma fazer para proteger o meio ambiente.

Recorte de jornais e revistas imagens que mostrem que o meio ambiente está sendo protegido. Depois, cole-as no quadro.